DIESES BUCH GEHÖRT:

1. Auflage 2016
© Ueberreuter Verlag GmbH, Berlin 2016
ISBN 978-3-7641-5085-3

Herausgeberin: Kathrin Köller
Idee & Text: Kathrin Köller
Umschlag- und Innenillustrationen: Julia Dürr
Grafikdesign und technische Umsetzung: finedesign – Büro für Gestaltung, Berlin
Druck und Bindung: Factor-Druk, Kharkiv

Fotonachweis:
Fotolia: © Svetlana Valuiskaja (S. 10, 11, 13 unten), © Dmitry Pichugin (S. 12 oben),
© Galyna Andrushko (S. 12 unten), © Arraial (S. 13 oben links), © Christian Lebon
(S. 13 oben rechts), © Star (S. 16 und 20 Hintergrund), © anilbikramthapa (S. 18 oben),
© MaciejBledowski (S. 18 unten), © Daniel Prudek (S. 19 unten), © FreePod (S. 25
oben und S. 42), © filipefrazao (S. 25 unten und S. 42), © master1305 (S. 34 oben
links), © Bine (S. 34 oben rechts), © Michael Robbins (S. 34 unten), © nielskliim
(S. 35 oben links), © phat (S. 35 oben rechts), © duelune (S. 35 unten), © Christian
Colista (S. 38 Robbe und S. 43), © Kjersti (S. 38 Orang Utan), © jovannig (S. 41),
© pjhpix (S. 42 Schiff)

Übrige: © U.S. Geological Survey/Wikimedia Commons (S. 19 oben), © Julien Harneis/
Wikimedia Commons (S. 24 und S. 42), © Roman Klementschitz, Wien/Wikimedia
Commons (S. 28 oben), © James Steakley/Wikimedia Commons (S. 28 unten),
© Wikimedia Commons (S. 29 oben), © Toffel/Wikimedia Commons (S. 29 unten
und S. 43 oben), © dnak/Wikimedia Commons (S. 40/41)

Die Forscher-Idee auf S. 30-31 wurde freundlicherweise von
der Stiftung „Haus der kleinen Forscher" zur Verfügung gestellt.

www.ueberreuter.de

LESEFORSCHER A
entdecken – staunen – lesen lernen

Kathrin Köller

Natur!

Durch Flüsse, Wüsten, Regenwälder

Mit Illustrationen von Julia Dürr

ueberreuter

HIER KOMMT FILU!

Papa sagt,
ich soll mehr rausgehen.
Nicht immer nur drinnen forschen.
Aber jetzt geht es ja auch wieder los.
Ich will auf Berge klettern.
Und Höhlen erforschen.

Lese-
Forscher

*RESERVE:
KEKSE

Inhalt

NACHTFENSTER

Hier ist das **Cockpit** von meinem **Raumschiff**. Und hier stelle ich mein Ziel ein. Wenn ich jetzt auf „Fluss" drücke, geht es los. Meistens klappt das. Zum Glück habe ich ein Kleeblatt dabei.

Höhle – Bloß nicht meine Taschenlampe vergessen!
Regenwald – Papas Regenschirm kommt auf jeden Fall mit.

So, was brauch ich noch? Ein **Fernrohr** natürlich. Damit ich auch von Weitem alles erforschen kann. Und meine **Wünschelrute**. Zum Wasserfinden. Man weiß ja nie.

Hurra, es geht los. Auf ins Grüne!

Meer ohne Wasser

Mannomann, ich bin ja in der Wüste gelandet. Kein Grün. Und weit und breit kein Fuchs.

Oder vielleicht doch? Hallo. Wieso hast du so große Ohren?

Damit ich dich besser hören kann. Damit ich dich besser fressen kann.

Echt jetzt?

Nein, kleiner Scherz! Ich höre sehr gut. Aber meine Ohren brauche ich auch zur Kühlung. Damit mir nicht zu heiß wird.

Ganz schön praktisch. Aber wie heißt du? Und was machst du hier? Hier ist doch nur Sand und tote Wüste.

Ich bin Fennek, der Wüstenfuchs. Ich wohne hier in der Sahara. Die Wüste ist nicht tot. Und auch nicht nur Sand. Komm mit, ich zeige dir mein Meer.

Die Wüste? Sein Meer?

DROMEDAR

Die Sahara ist die größte Wüste der Welt. Sie liegt in Nordafrika. Hier gibt es viel mehr als nur Sand: alte Vulkane, Berge und Steinwüsten.

KAMEL

Der Wind ist der **Herrscher** der Wüste. Seine Kraft ist riesengroß. Er bläst Steine mit der Zeit zu Sand. Ganz plötzlich ist er da und weht **riesige** Wellen in den Sand. Dann sieht die Wüste aus wie ein Meer.

Ich habe einen Höcker!

sehr tief!

3 Ein Meer ohne Wasser.
Das sagen die Nomaden.
Sie leben in der Wüste.
Und ziehen mit ihren Tieren
dem Wasser hinterher.

4 Zum Glück gibt es unter
der Erde noch Wasser.
Allerdings ist es gut versteckt.
Manche Brunnen sind
120 Meter tief.

Krass.
Und wie kann man
hier überleben?

Wir haben alle unsere Tricks.
Die **Antilopen** spüren, wo es Regen gibt.
Selbst wenn der noch ganz weit weg ist.
Das **Dromedar** speichert in seinem **Höcker** Fett.
Damit kommt es sechs Tage ohne Wasser aus.
Und ich? Ich höre mit meinen großen Ohren,
wo sich Futter **herumschleicht**.

Mal Watt,

Untergetaucht! Die **Miesmuschel** versteckt sich vor den Vögeln. Und der **Wattwurm** frisst Sand. So lockert er den **Meeresboden** auf.

Weit und breit kein Meer zu sehen. Aber meine Füße sind ganz schön nass. Hoffentlich gibt es hier keine **Schleimmonster**.

SAND-
SPAGHETTI

EBBE

WATT-
WURM

MIES-
MUSCHEL

Bei Ebbe ist das **Wattenmeer** an der **Nordseeküste** trocken. Man kann zu Fuß zur Insel Baltrum laufen. Sechs Kilometer weit.

mal Meer!

FLUT

Da ist ja das Wasser! Kein Land in Sicht. Dabei bin ich immer noch am selben Fleck!

Aber was machen die Tiere? Und die Menschen auf den Inseln?

Bei Flut kommt man nur mit dem Schiff oder **Flugzeug** von den Inseln weg. Oder man wartet sechs Stunden auf die nächste Ebbe. Die meisten Tiere tauchen ab ins Wasser.

Ebbe und Flut –
macht der Mond!

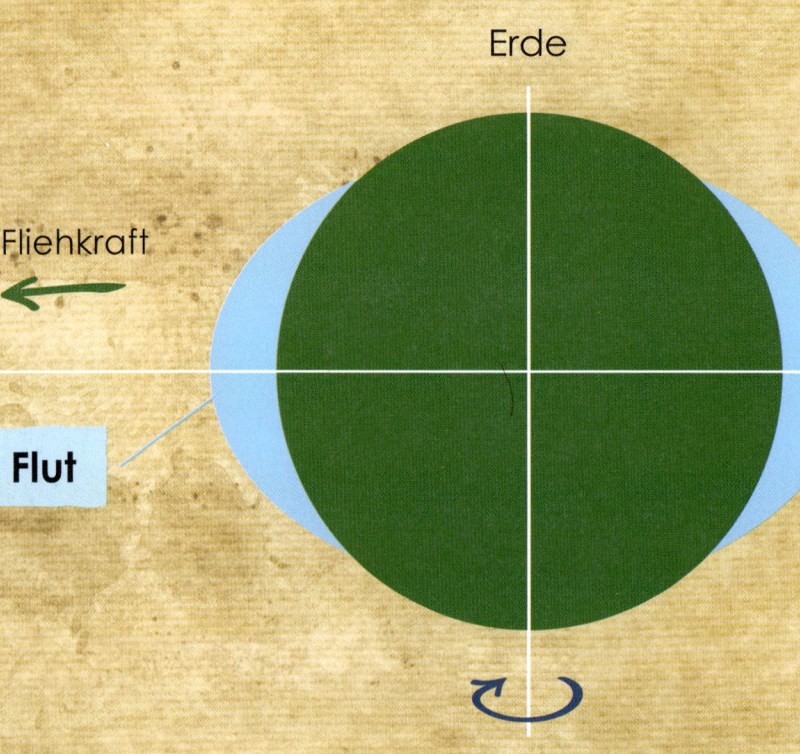

Erde

Fliehkraft

Flut

Die Erde dreht sich einmal am Tag um sich selbst. **Ungefähr** sechs Stunden lang gibt es Flut. Dann ist das Meer aus dem Mondfeld raus. Das Wasser bleibt zurück und es ist Ebbe. Für ungefähr sechs Stunden.

Der Mond zieht das Wasser der Erde an. Dadurch entsteht Flut. Auf der anderen Seite der Erdkugel gibt es gleichzeitig auch Flut. Das liegt an der **Fliehkraft** der Erde.

Alle sechs Stunden wechseln sich Ebbe und Flut ab. Jeden Tag sind die Zeiten ein **bisschen** anders. Denn Erde und Mond drehen sich **verschieden** schnell. Bei mir dreht sich langsam auch alles.

Anziehungskraft

Mond

Flut	jetzt
Ebbe	in 6 Stunden
Flut	in 6+6 Stunden
Ebbe	in 6+6+6 Stunden
	und so weiter ...

Keine Sorge, Fuchs. Das geht schon seit ewigen Zeiten so. Die Menschen haben Kalender. Da kann man nachlesen, wann Ebbe und Flut ist. Und die **Meerestiere** brauchen keinen Kalender. Die haben es im Gefühl.

Aufprall der Giganten

Sprich mich
Maunt Ä-we-rest.

1 Willkommen im **Himalaja!** Hier stehen zehn der größten Berge. Genannt: die **Achttausender**. Unser Star ist der **Mount Everest**. Mit 8.848 Metern ist er der höchste Berg der Welt. Der zweithöchste Berg heißt K2. Er ist zwar nur 8.611 Meter hoch, aber noch schwerer zu besteigen als die Nummer 1.

3 Zwei Erdplatten und keine weicht aus. Was für ein Druck! Und es geht nicht weiter. Außer nach oben. Also faltet sich die **Erdkruste** auf. Ein Berg entsteht.

Der Himalaja entsteht durch einen Unfall. Auf der einen Seite die **eurasische** Erdplatte.
Von der anderen Seite kommt die indische Erdplatte. Sie **steuert** mit 9 Metern pro **Jahrhundert** auf Eurasien zu. Bäng! Die beiden Erdplatten prallen aufeinander.

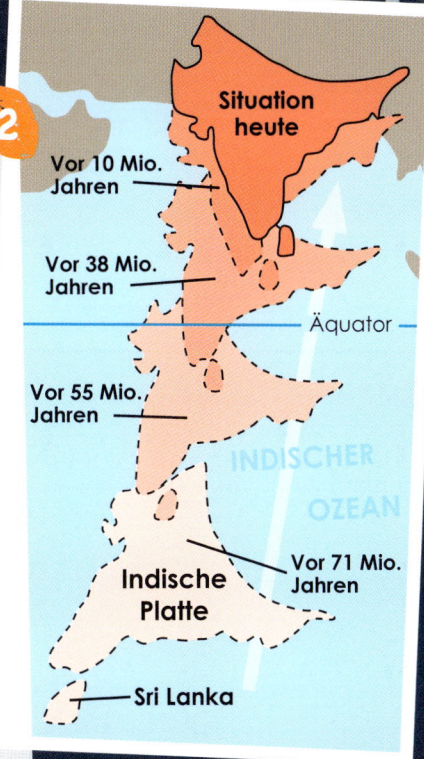

Situation heute

Vor 10 Mio. Jahren

Vor 38 Mio. Jahren

Äquator

Vor 55 Mio. Jahren

INDISCHER OZEAN

Vor 71 Mio. Jahren

Indische Platte

Sri Lanka

Mann, seid ihr aber groß geworden!

Das Gebirge wächst weiter und weiter. Auch heute noch. Aber nur noch 5 Zentimeter in 100 Jahren.

Gesucht: Yeti

Yeti

Hört auch auf
den Namen
Gletschermann.

Aussehen:	✳ Haarig ✳ Eine Mischung aus Affe und Bär.
Größe:	✳ 3 Meter ✳ Riesig! Passt in kein Zimmer.
Schuhgröße:	✳ Mindestens 70 ✳ Was für Fußabdrücke!
Alter:	✳ Unbekannt ✳ Ewig jung und sehr stark.
Wohnort:	✳ Himalaja ✳ Ziemlich weit oben.
Lieblingssport:	✳ Menschen erschrecken!

Warnung:
Versuche nicht, ihn zu fangen!
Aber mach ein Foto.
Denn niemand weiß genau, wie er aussieht.

21

Hallo, Fluss, wo kommst du her? Wo fließt du hin? Ich sehe keinen Anfang und kein Ende.

Den Anfang findet man auch nicht leicht. Meistens liegen die **Quellen** im Gebirge. **Mehrere** kleine Bäche laufen zusammen. Und dann geht's gemeinsam den Berg runter.

OBERLAUF

Flüsse fließen immer von oben nach unten. Das nennt man die Strömung.

Und die ist am Anfang ganz schön schnell. Schluck. Hallo, Forelle. Ich bin schon weg.

Treffen sich zwei Flüsse.

Sagt der eine: Darf ich mit dir gehen?

Sagt der andere: Ja klar, komm mit.

MITTELLAUF

Im **Mittellauf** wird es ruhiger.
Hier tritt der Fluss manchmal
über die Ufer. In den
Flussauen leben Biber und
Fischotter.

Spricht man nicht
Fluss-sau, sondern
Fluss-au-e.

FLUSSAUE

MEER →

Am Schluss hat der Fluss nicht mehr viel Kraft.
Er hat unterwegs so viel Material **mitgeschleppt**.
Einiges lässt er einfach am Rand liegen.
Ganz langsam geht es dann ins Meer.

Es ist nicht mehr weit.
Du schaffst das!

23

Rekorde im **Überfluss**

Jeder Fluss hält einen Rekord. Aber welchen? Das kriege ich raus!

SUPER-FLUSS

Kongo

Länge: 4.374 Kilometer
Tiefe: bis zu 220 Meter

Der **Kongo** ist wie eine Autobahn.
Willst du Waren **transportieren**? Freunde besuchen? **Verreisen**?
Dann rein ins Schiff und rauf auf den Kongo!

Was für tolle Flüsse! Auflösung der Rekorde auf Seite 42.

Nil

Länge: 6.852 Kilometer
Tiefe: bis zu 28 Meter

Links Wüste, rechts Wüste. Überall trockenes Land. Und mittendurch fließt der **Nil**. Dank ihm kann man hier leben. Und zwar ziemlich gut. Schon die alten Ägypter bauten hier vor 3.000 Jahren ihr Reich.

Amazonas

SUPER-FLUSS

Länge: 6.800 Kilometer
Tiefe: bis zu 120 Meter

Kein Fluss führt so viel Wasser wie der **Amazonas**. Der Amazonas **transportiert** das Wasser durch Südamerika in den Atlantik.

Höhlenforscher

Halt! Wer bist du? Was willst du? Niemand darf zum **Schatz** des Drachen.

Keine Sorge. Ich will deinen Schatz nicht. Ich will das **Geheimnis** der Höhlen erforschen.

Das Geheimnis der Höhlen?

Ja, ich will mir eine eigene Höhle bauen. Mit langen Gängen und vielen Kammern.

Tja, so schnell wird das nichts. Diese Höhle ist uralt. Vor **Urururururururur-und-so-weiter-Zeiten** gab es hier ein Meer. Auf dem Boden sammelte sich ganz viel Kalk. Dann **trocknete** das Meer aus. Und plötzlich war da ein Berg aus Kalk.

Und wie kam die Höhle in den Berg?

Immer schön langsam! Auf dem Berg wuchsen **Pflanzen**. Dann kam der Regen und ...

... und die Erde wurde nass.

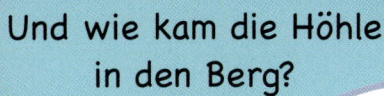

Willst du es jetzt wissen oder nicht? Der Regen brachte Wasser in den **Kalkberg**.

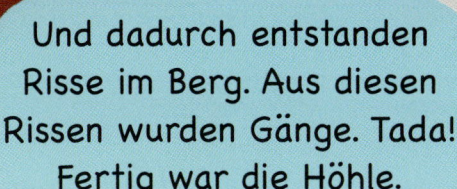

Und dadurch entstanden Risse im Berg. Aus diesen Rissen wurden Gänge. Tada! Fertig war die Höhle.

Tada. Das dauerte nur ein paar **Millionen** Jahre. Aber genau so **funktioniert** es. Und jetzt raus aus meiner Höhle!

Die Höhle des Löwen

Gut, dass ich da wieder raus bin. Hoffentlich gibt es nicht in jeder Höhle so einen Zwerg.

1

Heute schon ein Einhorn gesehen? Nein?
Dann wenigstens einen **Einhorn-Knochen**?
Lange Zeit glaubten die Menschen an Einhörner.
In Höhlen fanden sie **Knochen** und **Skelette**.
Die zermahlten sie und verkauften sie als **Einhorn-Pulver**. Davon sollte man stark werden. Na ja.

WILLKOMMEN

2

In Höhlen konnte man sich gut verstecken.
Aber Vorsicht! Auch **Hyänen** und Bären
suchten hier Schutz.

Höhlenlöwe

3

Auch er hatte hier sein Zuhause: der **Höhlenlöwe**! Er ist vor 12.000 Jahren ausgestorben. Aber noch heute warnt man vor der „Höhle des Löwen".

Komm doch in die Löwenhöhle!

Die brauchen ganz schön lang zum Wachsen. Manche Steine sind 340.000 Jahre alt.

Stalaktit

Stalagmit

4 Wasser tropft von der Decke. Jeder Tropfen **hinterlässt** eine winzige Spur Kalk. Stück für Stück entstehen spitze Steine: **Stalaktiten** wachsen von der Decke. Von unten kommen ihnen **Stalagmiten** entgegen.

Tropfsteine auf der Fensterbank

> 340.000 Jahre!
> Wer hat denn so viel Zeit?
> Geht das auch anders?

Du brauchst:

* 1 dicke Wollschnur
* sehr viel Salz
* 2 Gläser
* etwas Tinte oder Lebensmittelfarbe
* sehr warmes Wasser
* 1 Teller
* 1 Löffel

+ VIEL GEDULD!

FORSCHER-IDEE!

Fülle sehr warmes Wasser in ein Glas.

Schütte Salz dazu. Rühre gut und lange um. **Wirklich** ganz lange! Das Salz löst sich auf. Schütte immer weiter Salz hinein. Rühre so lange, bis es sich nicht mehr auflöst.

Willst du bunte Kristalle?

Dann färbe das Salzwasser mit Tinte oder **Lebensmittelfarbe**. Verteile es auf beide Gläser. Stelle sie auf ein sonniges Fensterbrett.

Tauche die Schnur in beide Gläser.

In der Mitte soll sie etwas durchhängen. Stelle den Teller darunter. Die Schnur saugt sich mit dem Salzwasser voll.

Finger weg von den Gläsern!

Jetzt heißt es warten. Mit der Zeit verdunstet das Wasser. Nach ein paar Tagen wachsen Kristalle.

Tolle Sache! Alle **Beobachtungen** bitte ins Forscher-Tagebuch schreiben!

Im Regenwald

Wir machen unseren eigenen Regen!

Im Regenwald wachsen riesige Bäume und tolle **Pflanzen**. Sie brauchen viel Wasser. Dafür haben sie eine eigene **Regen-Maschine**. Und die geht so:

FRISST FLEISCH

Regnet es hier eigentlich immer?

1 Es ist Abend. Es regnet.
→ Die Pflanzen saugen
den Regen auf.

2 Am nächsten Morgen
scheint die Sonne.
→ Es wird richtig heiß.

3 In der Hitze **verdunstet**
das Wasser der Pflanzen.
→ Feuchte Luft steigt in
den Himmel.

4 Aus der **feuchten** Luft bilden
sich Regenwolken.
→ Irgendwann **platzen** sie.

Und dann geht's
wieder von vorne los.

Seltene Tiere und verrückte Pflanzen

Hier im Regenwald triffst du wirklich jeden. Um Platz zu sparen, wohnen wir **übereinander**.

1

Bäume so groß wie ein Hochhaus. Ohne Aufzug! Zu **anstrengend** für das Faultier. Es hängt an einem Ast und schläft. Auch wenn der **Brüllaffe** laut schreit.

2

Ganz unten ist es leiser. Und dunkel. Hier arbeiten Ameisen und **Tausendfüßler**. Und manchmal schleicht sich ein Jaguar an.

Wow!

3

Pfeil-gift-frosch

Manche Tiere tun so, als wären sie Pflanzen.

Und manche sind richtig giftig.

Komm mir nicht zu nah!

Du siehst mich nicht!

Viele Tiere arbeiten mit Pflanzen zusammen. Das kleine Aguti hat einen Riesen zum Freund: den **Paranussbaum**. Der schmeißt seine Früchte auf den Boden.

Aguti holt sich die Nüsse aus der harten Schale. Manche isst sie. Manche vergräbt sie. Und manche vergisst sie. Aus den vergessenen Nüssen wachsen neue Bäume.

4

Kein Leben ohne Regenwald

Koh-len-di-oxid = CO_2

Sauer-stoff = O_2

Tiere und Pflanzen lieben den Regenwald.
Auch die Menschen finden ihn toll.
Manche lieben leider besonders das Holz.
Dann werden Bäume gefällt.
So wird der Regenwald immer kleiner.
Viele Tiere und Pflanzen sterben aus.

CO_2

CO_2

O_2

Menschen brauchen den Regenwald.
Denn die Bäume sind echte **Magier**.
Sie nehmen **schädliches** CO_2 auf und
verwandeln es in **Sauerstoff**.
Diesen **Sauerstoff** benötigen die
Menschen zum Atmen.

FINGER WEG
VOM
REGENWALD!

Weniger Bäume = mehr CO_2.
Dadurch wird das Klima wärmer.
Das bedroht Tiere und Menschen
auf der ganzen Welt.

Helden der Natur

 Vor 30 Jahren gab es fast keine **Kegelrobben** mehr im **Wattenmeer**. Laute Schiffe, Jäger und keine Nahrung: Das hielten die Robben nicht aus. Viele Menschen machten sich Sorgen. 1985 sagten sie: Stopp!

 Sie machten das **Wattenmeer** zum **Nationalpark**. Es dürfen nur noch wenige Schiffe fahren. Die Jagd auf Robben ist verboten. Alles klar, sagten die Robben und kamen zurück. Heute sind sie nicht mehr vom Aussterben bedroht.

> Das ist ja echt toll! Mensch, könnt ihr mich auch retten? Und die anderen? Der Regenwald wird immer kleiner. Die Wüste wächst und wird immer heißer. Menschen, Tiere und Pflanzen sind bedroht.

> Danke, Mensch. Du hast uns gerettet.

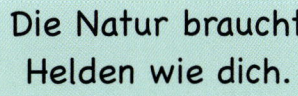

Die Natur braucht Helden wie dich.

Was machen
Helden der Natur?

⭐ Sie verbrauchen so wenig Plastik wie möglich.

⭐ Sie kaufen nicht jedes Jahr ein neues Handy.

⭐ Sie **erforschen**, wie man die Erde schützen kann.

⭐ Sie reden mit anderen über **Naturschutz**.

⭐ Sie planen mit Freunden oder der Klasse Aktionen zum Schutz der Natur.

Belohnung:

⭐ Leben in einer tollen Natur – voller Wunder!

Ein Wunder **schaue** ich mir noch von oben an. Los geht's.

Die große Schlucht

Hier treffen alle zusammen:
riesige Berge, Höhlen und Wüsten.
Ganz unten donnert ein Fluss.

Natur XXL

450 Kilometer lang. 1.800 Meter tief.
Man erkennt die Schlucht sogar vom
Weltraum. Im **Grand Canyon*** leben
Tiere, die fast ausgestorben sind. Der
scheue Puma hat noch Platz. Und der
Kondor spannt seine Flügel breit aus.

Uralt

Der Grand Canyon ist wie ein
Geschichtsbuch der Erde. Hier
findet man Steine aus Urzeiten.

Der Grän Känjen*!
Sieht das toll aus.
Natur, wir sehen uns!
Bis bald!

Der **Co-lo-ra-do** Fluss. Wild, stark und schnell. Er hat jede Menge Sand und Geröll dabei. Mit diesen **Werkzeugen** arbeitet er sich in das Gestein und baut riesige Treppen und Höhlen.
Seit sechs **Millionen** Jahren.

Das große Natur-Quiz

Ob ich mich noch an alles erinnere? Und du? Kreuze die richtigen Antworten an. Spicken ist erlaubt. ;-)

1. Meer ohne Wasser

Wer ist der Herrscher der Wüste?

a Die Nomaden.

b Der Fennek.

c Der Wind.

2. Mal Watt, mal Meer!

Das Boot sitzt fest.
Schuld ist

a die Ebbe.

b die Flut.

3. Aufprall der Giganten

Welcher Satz stimmt nicht?

a Der höchste Berg der Welt ist 8.848 Meter hoch.

b Der Himalaja wächst auch heute noch.

c Oben auf dem Berg wird die Luft immer dicker.

4. Alles im Fluss

Welcher Satz passt zu welchem Bild?

a Dieser Fluss ist der tiefste.

b Keiner hat mehr Wasser.

c Tief ist dieser Fluss nicht. Aber der längste der Welt.

1

2

3

5. Höhlenforscher

Wer ist wer?

a Stalagmit

b Stalaktit

6. Im Regenwald

Viele Tiere und Pflanzen helfen einander. Wie hilft das Aguti dem Paranussbaum?

a Aguti frisst die Feinde des Paranussbaums. So kommen sie nicht an die Nüsse.

b Aguti vergisst, wo es seine Nüsse vergraben hat. Aus den vergrabenen Nüssen wachsen neue Bäume.

7. Helden der Natur

Wie war das mit den Kegelrobben und dem Wattenmeer?

Kreuze die richtige Antwort an.

a Die Kegelrobben sind ausgestorben.

b Im Wattenmeer dürfen heute keine Kegelrobben gejagt werden.

8. Die große Schlucht

Der Grand Canyon ist ein Wunder. Aber ein Satz ist falsch. Welcher?

a Der Grand Canyon entstand durch einen Fluss.

b Hier leben Tiere aus einer anderen Zeit.

c Die Steine stammen aus verschiedenen Zeiten der Erde.

Herzlichen Glückwunsch! Du bist ein echter **Natur-Experte!**

1: c, 2: a, 3: c, 4: a2, b3, c1, 5: a2, b1; 6: b; 7: b, 8: b

URKUNDE

Lese-FORSCHER NATUR

Fritz

NAME

Filu

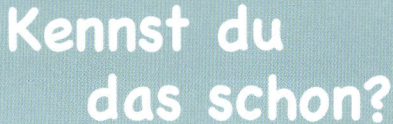

Kennst du das schon?

Wie heiß ist Lava?

Wie macht man ein Lagerfeuer und wie löscht man es? Was ist ein Feuerfuchs? Und wie heiß ist Lava? Kommt mit auf Forscherreise!

- Für Leseanfänger
- Kurze Sätze, spannender Inhalt
- Mit vielen Bildern und Comics

Kathrin Köller, Julia Dürr
Feuer! Vulkane, Drachen und andere Feuerspucker
48 Seiten · Hardcover
ISBN 978-3-7641-5060-0

Trage deinen Namen auf der Urkunde ein.

Auf www.ueberreuter.de kannst du dir die Urkunde auch herunterladen.